# 紙でつくる、ほんものみたいな花と小物

山﨑ひろみ

日本文芸社

## ペーパーフラワーはとってもかんたん

材料は紙だけ！
花びらや葉の形に切ったパーツに折り目をつけて
それをはり合わせるだけでいろいろな花になる楽しさ。

図鑑にのった本物の花を見て、
その美しさを表現するだけでなく
本物にはない色で作った花をアレンジして
自分だけのオリジナル作品を作れるところも魅力です。

ぜひみなさまも
ペーパーフラワーを通じて
ときめく美しい花の世界を感じてみてください。

山崎ひろみ

紙とはさみからスタート。かんたんなプロセスで立体的でかわいい花を作れるのがペーパーフラワーの魅力です。

① 切る

② 巻く

③ 重ねてはる

④ 花の完成！

## 材料の表記について

作り方ページでは、使用する材料を以下のように表記しています。使用する紙の色は仕上がりの参考にしてください。

### ペーパーフラワーの作り方（p.48〜75）

**タンポポ** #p.7
花部分：直径約3cm

**材料（1本分）**
- 花びら／●タントN-58
  - (p.92 型紙92-5)… 2枚
  - (p.92 型紙92-6)… 2枚
- 花心／●タントN-58
  - (1cm×15cm)… 1枚
- がく／●タントH-64
  - (p.95 型紙がく D)… 1枚
- 葉／●タントH-64
  - (p95 型紙葉A)…縦半分に切ったもの1枚
- 茎／ペーパーワイヤー… 2本
- フローラルテープ… 適量

使用する紙と型紙は、花びら、花心、がく、葉、茎に分けて掲載

作品に使用する紙の色と品番

型紙名と型紙の掲載ページ

### アクセサリー・雑貨の作り方（p.76〜90）

Wreath
**ばらの騎士** #p.16

**使用するモチーフ** ※バラはがく・茎なし、スズランは茎なしで
- バラ1 > p.65
- バラのつぼみ > p.66
- スズラン > p.49

アイテムに使用しているペーパーフラワー

**材料（1個分）**
※バラ1（大）は、バラ1の型紙を122％拡大して作る。

- バラ1　　　○タントN-8… 9個（うち大3個）、○タントN-8&●タントD-59… 4個（うち大1個）、●タントD-59… 2個
- バラのつぼみ　●タントD-59… 3個
- スズラン　　○タントN-7&●タントL-62&●タントH-64… 15個
- 葉（p.95 型紙葉A）●タントD-61… 12個、●タントH-64… 13個
- リース土台（直径20cm）… 1個、不織布（6cm×6cm）… 適量、麻ひも… 適量

作品に使用する紙の色と品番

1つのペーパーフラワーに2色以上の紙を使用している場合は「&」で表記

# Contents

ペーパーフラワーはとってもかんたん ── 2

材料の表記について ── 3

*Basic Lesson*
## ペーパーフラワーの基本

基本の材料 ── 36

基本の道具 ── 37

基本の花を作る ── 38

*Paper Flower Collection*
## 花図鑑

*Poppy*
ポピー ── 6 / 48

*Lily of the valley*
スズラン ── 6 / 49

*Peony*
シャクヤク ── 6 / 50

*Dandelion*
タンポポ ── 7 / 51

*Anemone*
アネモネ ── 7 / 52

*Carnation*
カーネーション ── 7 / 53

*Margaret*
マーガレット1 ── 8 / 54

*Margaret*
マーガレット2 ── 8 / 55

*Tulip*
チューリップ ── 8 / 55

*Gerbera*
ガーベラ ── 8 / 57

*Lily*
ユリ1 ── 9 / 59

*Lily*
ユリ2 ── 9 / 58

*Hydrangea*
アジサイ ── 9 / 59

*Sunflower*
ヒマワリ1 ── 10 / 60

*Sunflower*
ヒマワリ2 ── 10 / 60

*Sunflower*
ヒマワリ3 ── 10 / 60

*Lavender*
ラベンダー ── 10 / 61

*Cosmos*
コスモス ── 11 / 62

*Turkey Chinese bellflower*
トルコキキョウ ── 11 / 63

*Dahlia*
ダリア ── 11 / 64

*Rose*
バラ1 ── 12 / 65

*Rose*
バラのつぼみ ── 12 / 66

*Rose*
バラ2 ── 13 / 67

*Rose*
バラ3 ── 13 / 68

*Rose*
バラ4 ── 13 / 70

*Spray Mom*
スプレーマム1 ── 14 / 71

*Spray Mom*
スプレーマム2 ── 14 / 72

*Poinsettia*
ポインセチア ── 14 / 73

*Camellia*
ツバキ ── 15 / 73

*Plum*
ウメ ── 15 / 74

*Cherry Blossom*
サクラ ── 15 / 75

*Accessory & Interior Item*
## アクセサリー&雑貨

*Wreath*
ばらの騎士 ── 16 / 77

*Wreath*
フラワーインワンダーランド ── 17 / 78

*Lamp*
星は光りぬ ── 18 / 80

*Aroma Diffuser*
年上の人 ── 19 / 80

*Garland*
花から花へ ── 20 / 81

*Bouquet*
もうすぐ17歳 ── 22 / 82

*Door Ornament*
あの夏、別荘で ── 23 / 83

*Pen*
オフィーリアの歌 ── 24 / 84

*Ornament*
お祈りの時間 ── 26 / 85

*Glass Marker*
はじめてのワルツ ── 27 / 86

*Brooch*
恋とはどんなものかしら ── 28 / 87

*Corsage*
望みはなにかと聞かれたら ── 29 / 86

*Photo Frame*
ないしょの手紙 ── 30 / 88

*Bookmark*
図書館でデート ── 31 / 88

*Tassel*
あれはナイチンゲール ── 32 / 89

*Magnet*
ある晴れた日に ── 33 / 89

*Corolla*
恋占い ── 34 / 90

*Bracelet*
好き、きらい、好き ── 35 / 90

型紙 ── 91

# Paper Flower Collection

―――

花図鑑

*Lily of the valley*
**スズラン** >>> p.49

Muguet
Convallaria
majalis

*Peony*
**シャクヤク** >>> p.50

Pivoine
Paeonia
lactiflora

*Poppy*
**ポピー**
>>> p.48

Pavot
Papaver
nudicaule

*Dandelion*

タンポポ >>> p.51

*Anemone*

アネモネ >>> p.52

*Carnation*

カーネーション >>> p.53

*Margaret*
マーガレット1 >>> p.54

*Margaret*
マーガレット2 >>> p.55

*Tulip*
チューリップ >>> p.55

*Gerbera*
ガーベラ >>> p.57

| *Lily* | *Lily* | *Hydrangea* |
|---|---|---|
| **ユリ1** >>> p.59 | **ユリ2** >>> p.58 | **アジサイ** >>> p.59 |

*Cosmos*
**コスモス** >>> p.62

*Turkey Chinese bellflower*
**トルコキキョウ** >>> p.63

*Dahlia*
**ダリア** >>> p.64

*Rose*
**バラ1** >>> p.65

*Rose*
**バラのつぼみ** >>> p.66

*Spray Mom*
スプレーマム2 >>> p.72

*Spray Mom*
スプレーマム1 >>> p.71

*Poinsettia*
ポインセチア >>> p.73

# Accessory & Interior Item | アクセサリー & 雑貨

*Wreath*

### ばらの騎士

白いバラをメインにあしらったリース。
バラの間をぬうようにスズランをちりばめることで
爽やかな印象に。オペラ「ばらの騎士」から、婚約の証に贈られるという「銀のばら」をイメージして。　>>> **p.77**

*Wreath*

**フラワーインワンダーランド**

色とりどりの花を贅沢にあしらったリース。
リース土台の正面だけでなく、側面にも花をつけることでより立体的な仕上がりに。
鮮やかな色彩の美しい、おとぎの国に迷いこんだよう。　>>> **p.78**

*Lamp*

**星は光りぬ**

白いバラとトルコキキョウを使ったランプ。
コードをまとめてテーブルに飾ったり、
棚や壁にそわせてあしらっても素敵。
光を灯せば優しい光が部屋を包みこみます。
>>> p.80

*Aroma Diffuser*

**年上の人**

ウィーンの良家の子女は、燕尾服に白いドレスをまとった舞踏会で社交界デビューするそう。
そんなふたりみたいなトルコキキョウのアロマディフューザー。手軽に作れるのも魅力です。 >>> p.80

*Garland*

**花から花へ**

花から花へと、軽快なワルツのリズムを刻むスプレーマムをワイヤーでつないだガーランド。
花はビタミンカラーのオレンジをベースに、組み合わせを変えて2種類をバランスよくあしらいました。　>>> **p.81**

*Bouquet*

## もうすぐ17歳

シャクヤクとバラのミニブーケ。
初恋を知ったお嬢様みたいに色鮮やかに、個性的に。
生花よりもカジュアルに、
誕生日や手みやげに添えてプレゼントして。
>>> **p.82**

*Door Ornament*

**あの夏、別荘で**

スプレーマム、チューリップ、
ラベンダーをあしらったドア飾り。
ツタに見立てた茎の部分を巻いて、
上部にリボンをプラス。
シックな雰囲気で、お客さんをお出迎え。
&gt;&gt;&gt; p.83

## Pen

**オフィーリアの歌**

恋に破れたオフィーリアが摘んだ花。ペンを茎に見立てて、いろんな花を本当に咲いているように仕立てました。
ペンの先まで緑のフローラルテープで巻いて。デスクまわりがまるで野原のよう。　>>> **p.84**

*Ornament*

**お祈りの時間**

聖母マリアの象徴、白ユリと
「神の祝福」という花ことばをもつ
青いバラをくす玉風にあしらったオーナメント。
ビーズとコットンパールを
つなげたチャームをあしらって。
余った花をガラスの器に
入れるだけでも素敵なインテリアになります。
>>> p.85

*Glass Marker*

**はじめてのワルツ**

好きな花を自分のドリンクの目印にするグラスマーカー。花はワイヤーフープに丸カンでつないで揺れるしくみに。
グラスを持つとゆらゆら、プロムで踊る少女のドレスの裾みたい。 >>> **p.86**

*Brooch*

**恋とはどんなものかしら**

タンポポをあしらった3種類のブローチ。組み合わせる花の色や数を変えたり、
ブローチの台座を変えただけの簡単なアレンジ。服やストール、ハットのアクセントに。　>>> **p.87**

*Corsage*

**望みはなにかと聞かれたら**

ミニブーケのように
アネモネを束ねたコサージュ。
花びらはスタンプで
色づけをして深みを出しました。
紫やワインレッドを基調とした
大人のアクセサリーを、
かつての大女優気分で身につけて。
>>> p.86

## Photo Frame
### ないしょの手紙

作曲家ヤナーチェクは、40歳年下の人妻に恋をして文通をしていたそう。そんな許されない恋を思わせるアンティークな色合いのばらとスプレーマムのフォトフレーム。フレームいっぱいにしきつめ、華やかな印象に。 >>> **p.88**

*Bookmark*

**図書館でデート**

ガーベラ、ポピー、タンポポのブックマーカー。茎をイメージしたベロアのリボンには、アクセントで葉をつけて。
本にはさむと花と葉がちらりとのぞきます。 >>> **p.88**

*Tassel*

**あれはナイチンゲール**

ガーベラとスズランなど、大きさの異なる花をあしらったタッセル。
窓辺でいとしいロミオを待つジュリエットのように、カーテンを飾っても。 >>> **p.89**

*Magnet*

**ある晴れた日に**

可憐な蝶々夫人のかんざしをイメージしたサクラ、ウメ、ツバキのマグネット。
花を重ねてボリュームを出しても紙ならくずれることなくバランスよく配置できます。 >>> p.89

*Corolla*

**恋占い**

花占いに摘みとったガーベラとマーガレットの華奢な花かんむり。
淡いピンクと白の組み合わせでピュアなイメージ。　>>> **p.90**

*Bracelet*

**好き、きらい、好き**

やさしい色の花々をあしらったリストブレス。清純な印象のあるブルーのリボンがお似合い。花かんむりとセットで。 >>> **p.90**

## Basic Lesson | ペーパーフラワーの基本

## 基本の材料

ペーパーフラワーという名前の通り、材料の主役は紙！まずは以下の材料をそろえましょう。

**紙**

花びらをはじめ、葉や花心など、ペーパーフラワーのパーツは紙で作るのが基本です。この本ではすべて、タントと呼ばれる紙の厚さ100kgのものを使っています。ペーパーフラワーでは、紙を巻いたり、筋をつけたりするため、強度のない紙や薄い紙だとやぶれてしまったり、うまく筋がつかないことも。厚さ100～160kgの紙がおすすめです。

**ペーパーワイヤー**

ワイヤーを紙で巻いたもの。茎に使用します。太さは22番や24番がおすすめ。

**ビーズ・ラインストーン・リキッドパール・ペップなど**

花心として使います。シールタイプは接着剤入らずで便利。リキッドパールはアクリルペイントのようなもので、乾くと固まり、パールビーズをはりつけたような仕上がりになります。

**フローラルテープ**

茎と茎を束ねるのに使います。茎の色に合わせて、緑のほか、茶や白もあると便利。

## 基本の道具

作業は「切る」「巻く（筋をつける）」「はる」の3つが基本。道具はとっても身近なものでできます。

**はさみ**
花びらや葉を切るのに使用。「クラフトばさみ」と呼ばれる、先のとがったものがおすすめ。

**ピンセット**
花びらやビーズ、ペップなど細かいものを接着するのに使用。花びらや葉に筋をつける（p.45）ときにも使います。

**目打ち**
紙を巻くのに使用します。

**接着剤**
木工用ボンドや紙用ボンドなど、乾くと透明になるものを使います。紙用ボンド（写真左）はノズル部分が細くて便利。

### あると便利な道具

**カッター・カッターマット**
紙をまっすぐ切るときに便利。本書では「花心を作ってはる」（p.43）ときに使っています。

**定規**
紙に直線を引いたり、紙をまっすぐ切るときに使用します。

**へら**
紙に折り目をしっかりつけるときに使います。

**エンボスペン・エンボス専用マット**
「花びらを立ち上げる」（p.39）ときにあると便利です。エンボス専用マットがない場合は、厚手のフェルトでもOK。

**クラフトパンチ**
はさみでは切れないような小さくて繊細な形が簡単に作れます。花びらの形をしたものもあるので、ペーパーフラワーをたくさん作りたいときに便利です。

**デコパージュ用のり**
紙の保護や防水効果のある接着剤。塗ると強度が出るので、仕上げに使うと◎（p.47「強度、色味を工夫する」参照）。手芸店や100円ショップで購入できます。

**スタンプインク**
花びらや葉に簡単に色がつけられます。立体感のある仕上がりにしたいときにおすすめ（p.47「強度、色味を工夫する」参照）。

# 基本の花を作る

花を作るのに必要なパーツには花びら、葉、がく、茎があります。
ペーパーフラワー作りの基本の動作を押さえながら、まずは1本の花を作ってみましょう。
動作のポイントとなる工程は、わかりやすいように紙の色をかえて作っています。

| パーツを準備する |

型紙（p.91〜）を使って、花びらのパーツを準備します。

### 1 / 型紙を切る

使う型紙をコピーするか鉛筆などで紙に写し、線にそってはさみで切る。

### 2 / 鉛筆で写す

使用する紙に1をあて、型紙を写す。使用する紙の裏側に写すと、残っても目立たないので仕上がりがきれいになる。

### 3 / はさみで切る

型紙にそって、枚数分の花びらを切る。

---

| Techniques for making paper flowers |

## 小さい、細長いパーツを切る

**はさみでは切りづらい、小さいパーツや細長いパーツを切るときは、パンチやカッターを使うと簡単です。**

### 小さいパーツを切る

花心などの小さいパーツを切りたいときはパンチがおすすめ。スタンプのように押すだけで切れるので、たくさんパーツを作りたいときにも便利。

### 細長いパーツを切る

型紙を使わず、細く切った紙からパーツを作る場合はカッターがおすすめ。カッターは刃を定規にあてて、奥から手前に引いて切る。

## 花びらを巻く

花びらは立体感を出すために、目打ちを使って花びらの先端や両端にカールをつけます。
ここでは、外側に先端を巻く方法を紹介します。
そのほかの巻き方は「いろいろな巻き方」(p.40)を参考にしてください。

### 1 目打ちをあてる

目打ちを花びらの外側のつけねにあてる。

### 2 巻く

目打ちを花びらの先に向かってすべらせる。先まですべらせたら、親指で押さえ、そのまま目打ちに巻きつけるように外側に巻く。

### 3

1〜2を繰り返し、すべての花びらを巻く。

---

**Techniques for making paper flowers**

## 花びらを立ち上げる

より立体感を出したいときは、花びらを巻く前に花びらを立ち上げます。
大きな花びらの場合は指で、小さな花びらはエンボスペンを使うとよいでしょう。

### つけねから立ち上げる

**1 指で立ち上げる**

指の先で花びらを持ち上げるように立ち上げる。折り目はしっかりつけず、軽く立ち上げる程度でOK。

**2**

すべての花びらを立ち上げる。

### 丸く立ち上げる

**1 エンボスペンで押さえる**

パーツをエンボス専用マットの上に置いたら、エンボスペンの先で軽く押さえながらクルクルと動かす。

**2**

ほどよく丸みをつける。

| Techniques for making paper flowers |

## いろいろな巻き方

p.39で紹介した巻き方以外に、本書で使っている巻き方を紹介します。目打ちを使って巻く基本の作業は同じです。

### 外側に両端を巻く

**1 目打ちをあてる**

目打ちを花びらの端に対してななめにあてる。

**2 巻く**

目打ちを花びらの端に向かってすべらせながら親指で押さえる。中央がとがった形になるように両端を外側に巻く。

**3**

1〜2を繰り返し、すべての花びらを巻く。

### 内側に両端を巻く

**1 目打ちをあてる**

目打ちの先が花びらのつけねにくるように、目打ちを花びらの中心にあてる。

**2 巻く**

目打ちを花びらの端に向かってすべらせながら、上端は人さし指で、下端は親指で押さえ、目打ちに巻きつけるように内側に巻く。

**3**

1〜2を繰り返し、すべての花びらを巻く。

## 内側に先端を巻く

**1** 目打ちをあてる

目打ちを花びらの内側のつけねにあてる。

**2** 巻く

目打ちを花びらの先に向かってすべらせる。先まですべらせたら、人さし指で押さえ、そのまま目打ちに巻きつけるように内側に巻く。

**3**

1〜2を繰り返し、すべての花びらを巻く。

## 内側に両端を巻いたあと外側に両端を巻く

**1** カールをつける

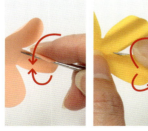

目打ちは花びらの端に対して平行にあて、内側に両端を巻いたら、そのあと外側に両端を巻く(p.40)。

**2**

すべての花びらを巻く。

## ランダムに巻く

花びら1枚1枚の巻き方を変える。外巻きや内巻きを組み合わせることで、より動きのある花びらになる。

### 花びらを重ねてはる

カールをつけた花びらを重ねてはり、花にしていきます。はり方のポイントは下の「花びらをバランスよく重ねる」を参考にして作ってみてください。

**1 / 2枚ずつ花びらを重ねる** POINT

同じサイズの花びら同士を重ねてはる。

**2 / 2組の花びらを重ねる**

1ではり合わせた2組の花びらを重ねてはる。

**POINT** はるときは大きい方の花びらの中心に接着剤を少量つける。たくさんつけすぎないこと。

---

| Techniques for making paper flowers |

## 花びらをバランスよく重ねる

作る花によって花びらの枚数は異なります。バランスよくはり合わせていくためのコツを紹介します。

### 2～3枚の花びらを重ねる

**1 花びらを重ねる**

大きい花びらの間から小さい花びらが見えるように少しずらしてはる。重ねたあと、中心を軽く押さえて固定する。

**2 さらに上から重ねる**

3枚重ねるときは、花びらをさらにずらしてはる。

### 4枚以上の花びらを重ねる

**1 2枚ずつ重ねる**

大、小同じサイズのもの同士を重ねてはる。

**2 2組の花びらを重ねる**

1ではり合わせた2組の花びらを、少しずらして重ねてはる。

## 花心を作ってはる

次は花心を作ります。ここでは本書でよく使われる
ダブルフリンジの花心の作り方と花びらへのはり方を紹介。
それ以外の花心の作り方は「いろいろな花心の作り方」(p.44)を参照してください。

### 1 切る

紙を細長く切る。紙の幅の半分が花心の高さになる。花の直径が4.5cm以上あるものは長さ15〜20cmが目安。それ以下なら10cmで作る。

### 2 折る

**POINT**

紙を細長く切り、縦半分に折る。

### 3 切る

折り目が下になるように持ち、細かい切りこみを入れる。はさみの先を使い、上部を3mmほど残して切っていく。

### 4 巻く

紙の端をピンセットでつまんだら、手前にクルクルと回して紙を巻いていく。

### 5 はる

残り1cmほどになったら、巻き終わりの切りこみを入れていない部分に接着剤をつけてとめる。

### 6 広げる

切りこみを入れた側を上にして、指で外側に軽く広げる。広げ具合は花によって調整する。

### 7 花びらにはる

花びらの中心に接着剤をつけ、花心をはる。

**POINT** 細長い紙をまっすぐ折るときは、折る位置にあらかじめ筋をつけておくとよい。紙をカッターマットの方眼の目に合うようにまっすぐ置き、定規とエンボスペンを使ってあとをつける (①)。さらにしっかり折りたいときは手で谷折りにしたあと (②)、ヘラで折り目をこする (③)。

| Techniques for making paper flowers |

## いろいろな花心の作り方

p.43で紹介したダブルフリンジ以外に、本書で使っている花心の作り方を紹介します。ダブルフリンジよりも簡単に作れるところも魅力です。

### シンプルな花心

**1 切る**

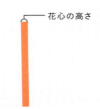

紙を細長く切る。紙の幅が花心の高さになる。長さの目安はダブルフリンジの花心の作り方（p.43）と同じ。

**2 巻く**

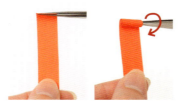

紙の端をピンセットでつまんだら、手前にクルクルと回して紙を巻いていく。

**3 はる**

残り1cmほどになったら、巻き終わりに接着剤をつけてとめる。

### シングルフリンジの花心

**1 切る**

「シンプルな花心」1と同じ要領で、紙を細長く切ったら、はさみの先を使い、上部を3mmほど残して切っていく。

**2 巻く**

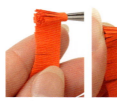

紙の端をピンセットでつまんだら、手前にクルクルと回して紙を巻いていく。

**3 はる**

残り1cmほどになったら、巻き終わりの切りこみを入れていない部分に接着剤をつけてとめる。

### 型紙を使って作る

「基本の花を作る」（p.38〜42）の花びらと同じ要領で、型紙を使って、花心を作るものもある。中心にペップやラインストーンをはって変化をつけることも。

ポピー（p.48）の花心

コスモス（p.62）の花心

| **葉を作る** | 葉は花びらと同様に巻いて仕上げるもののほか、ピンセットを使って筋をつけて葉脈を表現すると、より本物らしい仕上がりになります。

### 1 / 葉のパーツを準備する

型紙にそって、葉のパーツを切る。茎にはペーパーワイヤーを使う。

### 2 / 中心で折る

ピンセットの先が葉の先にくるように、葉の中心をはさむ。手首を手前に返すようにピンセットを動かし、葉の中心に筋をつける。

### 3 / ななめに筋をつける

細かい筋はピンセットの先が葉の中心の折り目にくるようにはさみ、ななめに折っていく。

### 4 /

葉の中心の折り目に対して、筋が左右対称になるように、一方が終わったらもう一方の面も同様に筋をつけていく。

### 5 / 葉に茎をつける

葉を裏返し、中心からつけねにかけて細く接着剤をつける。

### 6 /

5でつけた接着剤の上に茎をのせる。茎との接着面の両端に接着剤をつけたし、乾かす。

---

| Techniques for making paper flowers |

## 花びらに筋をつける

**花びらの花脈を表現する場合も、葉と同様にピンセットで筋をつけます。**

### 1 ピンセットではさむ

ピンセットの先が花びらのつけねあたりにくるように、花びらの中心をはさむ。

### 2 中心で折る

「葉を作る」2と同じ要領で、花びらの中心に筋をつけていく。

### 3

1〜2を繰り返し、すべての花びらに筋をつける。

## がくをつける

p.38〜43で作った花にがくをつけます。
がくに茎をつけてから花をはりましょう。

### 1 / がくのパーツを準備する

がくのパーツは型紙にそってはさみで切ったら、中心に目打ちで穴をあける。

### 2 / 茎の先を曲げる

丸ペンチで茎の先を丸く曲げる。

### 3 /

巻いた部分を平ペンチで直角に折る。

### 4 / がくにつける

がくの中心に、曲げていない茎の下側から通す。

### 5 /

2〜3で曲げた部分に接着剤をつけ、がくにはる。

### 6 / 花をはる

がくの中心に接着剤をつけ、花をはる。

### 7 /

花が完全に乾くまで待つ。

### 8 /

乾いたあと、がくの先端を外側に巻いてもよい。

| **仕上げる** |

フローラルテープを使って、花と葉の茎を束ねて完成です。
茎と同じ色のテープを使って作りましょう。

### 1 フローラルテープを巻く

がくのすぐ下からテープを巻いていく。茎の中間あたりまで巻いたら、葉の茎をそえて持ち、2本の茎を束ねるように続けて巻いていく。

### 2

茎の先まで巻く。

**POINT** フローラルテープは茎を回しながら、先を下に引っぱるように巻いていく。葉の茎はあらかじめ茎と束ねる長さを決めておき、少し折り曲げておくと巻きやすい。ブーケなど、たくさんの茎を束ねるときは輪ゴムなどで固定して巻くとよい。

---

| Techniques for making paper flowers |

## 強度、色味を工夫する

これまで紹介してきた作り方にプラスして、仕上がりをよく見せるテクニックを2つ紹介します。
アイテムに応じて活用してみましょう。

### 強度を高める

素材が紙という特性上、使い方によっては壊れやすいのがペーパーフラワー。デコパージュ用のりを絵筆にとり、完成した花の表面に薄く塗って乾かすと強度が増す。

### 花や葉に深みを出す

**1 色をつける**
スタンプインクを、スタンプスポンジ（スポンジを小さく切ったものでOK）にとり、花びらや葉のふちをポンポンとたたいて色をつける。

**2**
好みの色になるまで1を繰り返し、乾いたら完成。このあと筋をつけたり巻いたりする。

## How to Make | ペーパーフラワーの作り方

### ポピー #p.6
花部分：直径約6cm

**材料（1本分）**

花びら／●タントN-56
　　　　（p.92 型紙92-1）… 1枚
　　　　（p.92 型紙92-2）… 1枚
花心／●タントL-59
　　　（p.95 型紙がくD）… 4枚
がく／●タントH-64
　　　（p.94 型紙がくA）… 1枚
茎／ペーパーワイヤー… 1本

**1／パーツを準備する**

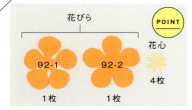

型紙にそって、枚数分の花びらと花心を切る。

**2／花びらを巻く・重ねてはる**

花びらは2枚とも内側に両端を巻いたあと外側に両端を巻き（p.41）、型紙92-2の花びらの上に型紙92-1の花びらを重ねてはる（p.42）。

**3／花心を作ってはる**

花心の1枚はつけねから立ち上げ（p.39）、内側に先端を巻く（p.41）。3枚は立ち上げず、内側に先端を巻き（p.41）、すべて重ねてはる（p.42）。最初の花心1枚をさらに重ねる。

**4／**

花びらの中央に花心をはる。

**5／がくをつける**

がくのパーツと茎を用意する。

**6／**

がくに茎をつけ、花をはったら完成（p.46）。

**POINT** 花心は型紙にそって切ったあと、ふちをはさみで細かい波状にしている。

## スズラン #p.6

花部分：直径約1cm

**材料（1本分）**

花びら／○タントN-7
　　　　　（p.92 型紙92-3）… 5枚
　　　　　●タントL-62
　　　　　（p.92 型紙92-4）… 5枚
がく／●タントH-64
　　　（p.95 型紙がくB）… 1枚
葉／●タントD-61
　　（p.95 型紙葉B）… 1枚
茎／ペーパーワイヤー… 1本

### 1 / パーツを準備する

型紙にそって、枚数分の花びらを切る。

### 2 / 花びらを重ねてはる

大きい花びらに小さい花びらを重ねてはる。これを5個作る。

### 3 / 花びらを立ち上げる

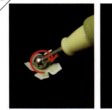

エンボスペンを使って花びらを丸く立ち上げる（p.39）。

### 4 / がくをつける

**POINT**

がくの裏側の中心に細く接着剤をつけ、茎をつける。接着剤が乾いたら裏返し、花をがくの端から順番に5個はる。

**POINT** 接着剤は花の裏につける。接着剤が乾く前なら花は動かせるので、5個つけたところで位置を整える。

### 5 /

花をはったところ。少し乾かす。

### 6 /

葉のつけねに接着剤をつける。茎を包むように葉のつけねを内側に折り、はったら完成。

## シャクヤク #p.6

花部分：直径約5cm

**材料（1本分）**

花びら／●タントP-50
　　　　　（p.93　型紙93-2）… 2枚
　　　　○タントN-7
　　　　　（p.93　型紙93-2）… 2枚
　　　　○タントN-8
　　　　　（p.93　型紙93-1）… 2枚
　　　　　（p.93　型紙93-2）… 2枚
がく／●タントD-61
　　　　（p.95　型紙がくC）… 1枚
茎／ペーパーワイヤー… 1本

### 1　パーツを準備する

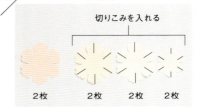

型紙にそって、枚数分の花びらを切る。タントP-50の花びら以外には、はさみで切りこみを入れる。

### 2　花びらを巻く

花びらはすべて内側に先端を巻く（p.41）。1で切りこみを入れた花びらは、その部分を別々に巻く。

### 3

すべての花びらを巻いたところ。これを各花びら2枚ずつ作る。

### 4　花びらを重ねてはる

同じ色、同じサイズの花びら同士を2枚ずつ重ねてはる（p.42）。

### 5

●タントP-50、○タントN-7、○タントN-8の順に重ねたら、○タントN-8の小さいものを中心にはる。

### 6　がくをつける

型紙にそって切ったがくに「葉を作る」（p.45）と同じ要領で筋をつける。茎を用意する。

### 7

がくに茎をつけ、花をはったら完成（p.46）。

## タンポポ #p.7

花部分：直径約3cm

### 材料（1本分）

花びら／🟡タントN-58
　　　　　（p.92 型紙92-5）…2枚
　　　　　（p.92 型紙92-6）…2枚
花心／🟡タントN-58
　　　　　（1cm×15cm）…1枚
がく／🟢タントH-64
　　　　　（p.95 型紙がくD）…1枚
葉／🟢タントH-64
　　　　　（p.95 型紙葉A）…縦半分に
　　　　　切ったもの1枚
茎／ペーパーワイヤー…2本
フローラルテープ…適量

### 1 ／ パーツを準備する

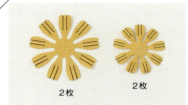

型紙にそって枚数分の花びらを切ったら、縦に2本ずつはさみで切りこみを入れる。

### 2 ／ 花びらを立ち上げる

花びらはすべてつけねから立ち上げる（p.39）。

### 3 ／ 花びらを巻く

花びらはすべて外側に先端を巻く（p.39）。

### 4 ／ 花びらを重ねてはる

同じサイズの花びら同士を重ねてはったら、ちいさいほうを上にして重ねてはる（p.42）。

### 5 ／ 花心を作ってはる

ダブルフリンジの花心を作る（p.43）。花心を指で軽く広げたら花びらの中央に花心をはる。

### 6 ／ 葉を作る・がくをつける

型紙にそって切った葉に筋をつける（p.45）。がくのパーツと茎を用意する。

### 7 ／ 仕上げる

葉を作り（p.45）、がくに茎をつけて花をはる（p.46）。フローラルテープを使って花と葉の茎を束ねたら完成（p.47）。

## アネモネ #p.7

花部分：直径約5cm

**材料（1本分）**

花びら／● タントD-52
　　　　（p.91 型紙91-1）…2枚
花心／● タントN-1
　　　　（0.5cm×30cm）…1枚
　　　　（2cm×30cm）…1枚
がく／● タントD-61
　　　　（p.94 型紙がくE）…1枚
茎／ペーパーワイヤー…1本

### 1／パーツを準備する

型紙にそって、枚数分の花びらを切る。

### 2／花びらを巻く

2枚の花びらは内側に先端を巻く（p.41）。

### 3／花びらを重ねてはる

2枚の花びらを少しずらしてはる（p.42）。

### 4／花心を作ってはる

花心の中心は、幅0.5cmの紙で「シンプルな花心」（p.44）と同じ要領で作る。その側面に、幅2cmの紙を「ダブルフリンジの花心」3（p.43）までと同じ要領で作ったものを巻きつける。

**POINT** 花心の底は平らになるように、指で押さえながら巻いていく。

### 5

花びらの中央に花心をはる。

### 6／がくをつける

がくのパーツと茎を用意する。がくを茎につけ、花をはったら完成（p.46）。

# カーネーション #p.7

花部分：直径約6cm

**材料（1本分）**

花びら／● タントL-53
（p.91 型紙91-2）… 7枚
がく／● タントH-64
（p.95 型紙がくF）… 1枚
茎／ペーパーワイヤー… 1本

## 1 パーツを準備する

7枚

型紙にそって、枚数分の花びらを切る。

## 2 花びらを巻く

目打ちを花びらに対してななめにあて、ランダムに巻く（p.41）。これを4枚作る。

## 3

内巻き → ← 外巻き
4枚

外巻き → ← 内巻き
3枚

2と同じ要領で写真のようにランダムに巻く。これを3枚作り、1枚とっておく。

## 4 花びらを重ねてはる

2の花びらを2枚ずつ重ねてはり、2組にしたら、少しずらしてさらに重ねてはる。3の花びら2枚も同様に重ねてはり、2の上にはる。

## 5

3でとっておいた花びらは、内側に巻いたところに少し接着剤をつける。向かい合わせになる花びらの内側に巻いた部分に引っかけてはる。

## 6

はった状態を上から見たところ。

## 7

5〜6で作った花びらのつけねをすべて立ち上げたら（p.39）、4の花びらの中央にさしこむようにはる。

## 8 / がくをつける

がくのパーツと茎を用意する。

## 9 /

がくに茎をつけ、花をはったら完成(p.46)。

---

## マーガレット1 #p.8

花部分：直径約3.5cm

**材料（1本分）**

花びら／○タントN-8
　　　　（p.92 型紙92-7）… 3枚
花心／●タントN-58
　　　（2cm×20cm）… 1枚
あて紙／○タントN-8
　　　　（p.94 型紙がくH）… 1枚
葉／●タントH-64
　　（p.95 型紙葉D）… 5枚
茎／ペーパーワイヤー… 6本
フローラルテープ … 適量

### 1 / パーツを準備する

3枚

型紙にそって、枚数分の花びらを切る。

### 2 / 花びらを巻く

すべての花びらをつけねから立ち上げたら（p.39）、外側に先端を巻く（p.39）。

### 3 / 花びらを重ねてはる

3枚の花びらを少しずらしてはる（p.42）。

### 4 / 花心を作ってはる

POINT

ダブルフリンジの花心を作る（p.43）。指で軽く広げて花びらの中央にはる。

## 5／花びらを巻く

花びらは2枚、内側に先端を巻く（p.41）。

## 6／葉を作る

型紙にそって切った葉に筋をつける（p.45）。茎を用意する。

## 7／仕上げる

葉を作り（p.45）、あて紙に茎をつけて花をはる（p.56「チューリップ」POINT 参照）。フローラルテープを使って花と葉の茎を束ねたら完成（p.47）。

---

### ARRANGE マーガレット2

マーガレット2はマーガレット1の花心を変えただけのアレンジです。

花心／● タント N-58
（p.95 型紙花心 A）
… 3枚

 ❶ 型紙にそって花心を枚数分切り、筋をつける（p.45）。

 ❷ 3枚の花心は少しずらしてはる（p.42）。

 ❸ 花びらの中央にはる。

 ❹ マーガレット1と同様に仕上げる。

---

## チューリップ　#p.8

花部分：直径約3cm、高さ4cm

### 材料（1本分）

花びら／● タント N-52
　　　　（p.91 型紙91-3）… 2枚
花心／ペップ（白）… 適量
あて紙／● タント N-52
　　　　（p.94 型紙がくH）… 1枚
葉／● タント D-61
　　　（p.95 型紙葉B）… 1枚
茎／ペーパーワイヤー… 1本

## 1／パーツを準備する

2枚

型紙にそって、枚数分の花びらを切る。

## 2 / 花びらを巻く

まず内側に先端を巻く(p.41)。

## 3

つづいて内側に両端を巻く(p.40)。これを2枚作る。

## 4 / 花びらを重ねてはる

花びらの1枚に写真のように接着剤をつける。

## 5

筒状になるように花びらを立ち上げてはる。

## 6

もう1枚の花びらの中央と4と同様の位置に接着剤をつけ、5を包むようにはる。

## 7 / 花心をはる

花びらの中央に接着剤を少し多めにつけ、ペップをピンセットでさしこむ。

## 8 / 葉を作る

型紙にそって切った葉は、内側に両端を巻く(p.40)。茎を用意する。

## 9 / 仕上げる

あて紙に茎をつけて花をはる。葉のつけねに接着剤をつけ、茎を包むように内側に折ってはったら完成。

**POINT 1** ペップは接着剤がある程度乾いてからさしこむと、倒れにくい。

**POINT 2** チューリップのようにがくのない花に茎をつけるときは、花から見えない大きさのあて紙を用意する。あて紙は花と同色にし、「がくをつける」(p.46)と同じ要領でつける。

# ガーベラ #p.8

花部分：直径約4.5cm

**材料（1本分）**

花びら／● タントN-57
　　　　（p.92 型紙92-10）… 3枚
　　　　（p.92 型紙92-8）… 2枚
　　　　● タントN-56
　　　　（p.92 型紙92-9）… 2枚
花心／● タントP-64
　　　（1cm×15cm）… 1枚
がく／● タントD-61
　　　（p.95 型紙がくF）… 1枚
茎／ペーパーワイヤー… 1本

## 1　パーツを準備する

小　　　中　　　大

2枚　　2枚　　3枚

型紙にそって、枚数分の花びらを切ったら、小は縦に1本ずつはさみで切りこみを入れる。

## 2　花びらを巻く

大、中の花びらをつけねから立ち上げたら（p.39）、裏返して内側に両端を巻く（p.40）。

## 3　花びらに筋をつける

2を表に返し、筋をつけて花脈にする（p.45）。

## 4　花びらを巻く

小の花びらは内側に先端を巻く（p.41）。

## 5　花びらを重ねてはる

同じサイズの花びら同士重ねてはる。3組の花びらを大きいものから順に重ねてはる（p.42）。

## 6　花心を作ってはる・がくをつける

**POINT**

ダブルフリンジの花心を作る（p.43）。花びらの中央に花心をはる。がくに茎をつけ、花をはったら完成（p.46）。

---

**ARRANGE　ガーベラ（ピンク）**

ピンクのガーベラは以下の紙色で作っています。

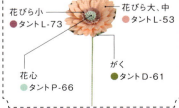

花びら小　　　　花びら大、中
● タントL-73　　● タントL-53

花心　　　　　　がく
● タントP-66　　● タントD-61

## ユリ2　#p.9

花部分：直径約4cm、高さ3cm

**材料（1本分）**

花びら／○タントP-58
　　　　（p.92 型紙92-11）… 6枚
花心／ペップ（黄緑）… 適量
あて紙／○タントP-58
　　　　（p.95 型紙がくG）… 1枚
葉／●タントH-64
　　（p.95 型紙葉B）… 1枚
茎／ペーパーワイヤー… 2本
フローラルテープ … 適量

### 1／パーツを準備する

6枚

型紙にそって、枚数分の花びらを切る。

### 2／花びらに筋をつける

花びらの中心に筋をつけたら（p.45）、ピンセットでつけねをつまんで倒すように折る。

### 3／花びらを巻く

花びらは外側に先端を巻く（p.39）。**2～3**を繰り返し、これを6枚作る。

### 4／花びらを重ねてはる

花びらのつけねに接着剤をつけ、3枚の花びらをはり合わせる。さらに間に3枚の花びらをはる。

### 5／

下側3枚の花びらの両端に少し接着剤をつけたら、上側3枚の花びらとはり合わせ、立体的にする。

### 6／花心をはる

花びらの中央に接着剤を少し多めにつけ、ペップをさしこむ。

### 7／葉を作る・仕上げる

型紙にそって切った葉は外側に先を巻く（p.39）。茎を用意し、あて紙に茎をつけて花をはる（p.56「チューリップ」**POINT 2**参照）。フローラルテープを使って花と葉の茎を束ねたら完成（p.47）。

## ARRANGE　ユリ1

ユリ1はユリ2と作り方は同じです。花びらの色と形、サイズが異なります。

花部分：直径約6.5cm、高さ4cm

花びら／○タントN-8
（p.92 型紙92-12）… 6枚

① 花びらの中心、つけねの順に筋をつけ（p.45）、つけねを折る。

② ユリ2の **4〜5** と同様に花びらをはり合わせる。

③ 花心をはり、ユリ2の **7** と同様に仕上げる。

---

## アジサイ　#p.9

花部分：直径約2.5cm

### 材料（1本分）

花びら／●タントL-68
　　　　（p.94 型紙94-1）… 8枚
　　　　●タントL-71
　　　　（p.94 型紙94-1）… 7枚
花心／リキッドパール（銀）… 適量
葉／●タントH-64
　　（p.95 型紙葉C）… 3枚
茎／ペーパーワイヤー… 18本
フローラルテープ … 適量

### 1／パーツを準備する

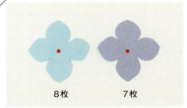

8枚　　7枚

型紙にそって、枚数分の花びらを切ったら、目打ちで中心に穴をあける。

### 2／花びらを巻く

花びらの向かい合わせになる2枚が同じ巻き方になるように、ランダムに巻く（p.41）。

### 3／茎をつける

1であけた穴に茎を通し、リキッドパールをつけてはり、乾かす。これを15本作る。

### 4／葉を作る・仕上げる

型紙にそって切った葉に筋をつけ、葉を作る（p.45）。フローラルテープを使って花と葉の茎を束ねたら完成（p.47）。

# ヒマワリ2 #p.10

花部分：直径約5cm

**材料（1本分）**

花びら／●タントL-58
　　　　（p.93 型紙93-4）… 4枚
花心／●タントY-10
　　　（0.5cm×30cm）… 1枚
　　　（1cm×30cm）… 1枚
がく／●タントD-61
　　　（p.94 型紙がくE）… 1枚
葉／●タントH-64
　　（p.95 型紙葉E）… 1枚
茎／ペーパーワイヤー… 2本
フローラルテープ … 適量

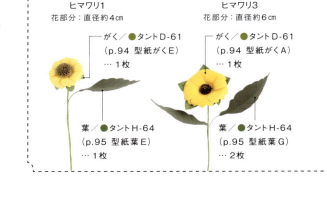

ヒマワリ1　花部分：直径約4cm
がく／●タントD-61（p.94 型紙がくE）… 1枚
葉／●タントH-64（p.95 型紙葉E）… 1枚

ヒマワリ3　花部分：直径約6cm
がく／●タントD-61（p.94 型紙がくA）… 1枚
葉／●タントH-64（p.95 型紙葉G）… 2枚

---

**1／パーツを準備する**

4枚

型紙にそって枚数分の花びらを切る。

**2／花びらを巻く**

花びらをつけねから立ち上げ（p.39）、外側に先端を巻く（p.39）。

**3／花びらを重ねてはる**

花びらは2枚ずつ重ねてはる。2組にしたらさらに重ねてはる（p.42）。

**4／花心を作ってはる**

POINT

花心は幅0.5cmの紙でシンプルな花心を作る（p.44）。幅1cmの紙はシングルフリンジの花心1まで作り（p.44）、シンプルな花心の側面に巻きつけてはる。3の中央にはる。

**5／花びらを巻く・葉を作る・茎をつける**

花びらは3枚、内側に先端を巻く（p.41）。型紙にそって切った葉に筋をつける（p.45）。がくのパーツと茎を用意する。

**6／仕上げる**

葉を作り（p.45）、がくに茎をつけて花をはる（p.46）。フローラルテープを使って花と葉の茎を束ねたら完成（p.47）。

### ARRANGE　ヒマワリ1・ヒマワリ3

ヒマワリ1、ヒマワリ3も基本的な作り方は同じです。花びらやがくの形、花心を変えてアレンジします。

**ヒマワリ1**

花心／●タントY-10
（2cm×20cm）… 1枚

花びらの色、形はヒマワリ2と同じ。ヒマワリ2の **1**〜**3** と同様に作る。花心はダブルフリンジの花芯を作る（p.43）。

**ヒマワリ3**

花びら／●タントN-58
（p.93 型紙93-5）… 3枚

花心／●タントY-10&●タントN-10（直径1.5cmの正円）… 7枚

花びらの作り方はヒマワリ1と同じ。花心は右のように作り、使うときは中心にペップをつける。

花心のパーツの1枚は土台にする（①）。6枚は4つに折り（②、③）、十字に開く（④）。接着剤をつけ、ピンセットで1枚ずつはりつける（⑤、⑥）。

---

## ラベンダー　#p.10

花部分：直径約1cm

**材料（1本分）**

花びら／●タントN-73
　　　　（p.92 型紙92-13）… 18枚
　　　　●タントL-71
　　　　（p.92 型紙92-13）… 18枚
茎／ペーパーワイヤー… 6本
フローラルテープ … 適量

### 1　パーツを準備する・花びらを立ち上げる

型紙にそって枚数分の花びらを切ったら、各色3枚、エンボスペンで丸く立ち上げる（p.39）。各色15枚は、中心に目打ちで穴をあけてから丸く立ち上げる。

### 2　茎をつける

**1** であけた穴に茎を通して接着剤で固定する。2個目からの花は約5mm間隔に接着剤をつけ、同様に茎を通し、計5個の花をつける。

### 3

**1** で穴をあけていない花びらの裏に接着剤をつけたら、**2** の先端に重ねてはる。これを6本作る。

### 4　仕上げる

フローラルテープを使ってすべての花の茎を束ねたら完成（p.47）。

## コスモス #p.11

花部分：直径約 4.5cm

### 材料（1本分）

花びら／●タントP-50
　　　　（p.91 型紙91-4）… 3枚
花心／○タントP-60
　　　（p.95 型紙花心C）… 2枚
　　　●タントL-59
　　　（p.95 型紙花心B）… 2枚
　　　ラインストーン … 1個
がく／●タントD-61
　　　（p.95 型紙がくF）… 1枚
茎／ペーパーワイヤー … 1本

### 1 パーツを準備する

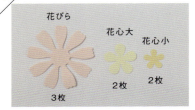

型紙にそって、枚数分の花びらと花心を切る。

### 2 花びらを巻く

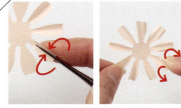

内側に両端を巻いたあと、外側に両端を巻く（p.41）。

### 3 花びらをはる

3枚の花びらを少しずらしてはる（p.42）。

### 4 花心を作ってはる

花心は型紙を使って作る（p.44）。裏返し、内側に両端を巻く（p.40）。

### 5

同じサイズの花心同士を2枚ずつ重ねてはる。

### 6

3の花びらの上に5の大きいものから順に重ねてはる。

### 7 ラインストーンをはる

花心の中央にラインストーンをはる。

## 8 / がくをつける

がくのパーツと茎を用意する。がくに茎をつけ、花をはったら完成（p.46）。

---

**ARRANGE　コスモス（白）**

白のコスモスは以下の紙色で作っています。

花心小　● タントL-59
がく　● タントH-64
花心大　○ タントP-60
花びら　○ タントN-7

---

## トルコキキョウ　#p.11

花部分：直径約5.5cm

### 材料（1本分）

花びら／● タントL-72
　　　　（p.91 型紙91-5）… 4枚
がく／● タントD-61
　　　（p.94 型紙がくE）… 1枚
葉／● タントH-64
　　（p.95 型紙葉A）… 2枚
茎／ペーパーワイヤー… 3本
フローラルテープ … 適量

### 1 / パーツを準備する

4枚

型紙にそって、枚数分の花びらを切る。

### 2 / 花びらを巻く

1枚は内側に両端を巻いたあと、外側に両端を巻く（p.41）。

### 3

POINT 1

ほかの3枚はランダムに巻く（p.41）。

### 4 / 花びらを重ねてはる

POINT 2

3のうち、2枚を重ねたら2の上に重ねてはる。残りの1枚の花びらをさらに上に重ねてはる。

## 5 / 葉を作る・がくをつける

型紙にそって切った葉に筋をつける (p.45)。
がくのパーツと茎を用意する。

## 6 / 仕上げる

葉を作り (p.45)、がくに茎をつけて花をはる (p.46)。フローラルテープを使って花と葉の茎を束ねたら完成 (p.47)。

**POINT 1** 内巻きと外巻きを自由に組み合わせて巻けば、巻き方に決まりはない。

**POINT 2** はるスペースがせまいので、ピンセットでさしこむようにしてはる。

---

## ダリア #p.11

花部分：直径約5cm

**材料（1本分）**

花びら／●タントN-73
　　　　（p.93 型紙93-6）… 8枚
　　　　（p.93 型紙93-3）… 2枚
　　　　（p.92 型紙92-9）… 2枚
がく　／●タントH-64
　　　　（p.95 型紙がくF）… 1枚
葉　　／●タントH-64
　　　　（p.95 型紙葉A）… 2枚
茎　　／ペーパーワイヤー … 3本
フローラルテープ … 適量

### 1 / パーツを準備する

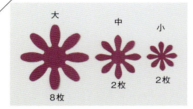

大　中　小
8枚　2枚　2枚

型紙にそって、枚数分の花びらを切る。

### 2 / 花びらを巻く・花びらを重ねてはる

大3枚は、花びらに筋をつけてから (p.45)、外側に先端を巻き (p.39)、重ねてはっておく。

### 3

大の残り5枚は、すべての花びらをつけねから立ち上げる (p.39)。3枚は内側に両端を巻き (p.40)、2枚は内側に先端を巻いたら (p.41)、同じ巻き方の花びら同士を重ねてはっておく。

### 4

中は、花びらをつけねから立ち上げ (p.39)、内側に先端を巻き (p.41)、重ねてはる。小も同様にして重ねてはる。

## 5

**2**の花びら

内側に両端
を巻いたもの

内側に先端を巻い
たもの

**2**の花びらの上に、**3**の内側に両端を巻いた
もの、内側に先端を巻いたものを順番に重ね
てはる。

## 6

**4**の大きいものから順に**5**の上に重ねてはる。

## 7 / 葉を作る・がくをつける・仕上げる

葉に筋をつけて作る（p.45）。がくに茎をつけ
て花をはる（p.46）。フローラルテープを使って
花と葉の茎を束ねたら完成（p.47）。

---

## バラ1 #p.12

花部分：直径約5cm

### 材料（1本分）

花びら／●タントL-73
　　　　　（p.94 型紙94-2）… 7枚
がく／●タントD-61
　　　　（p.95 型紙がくF）… 1枚
葉／●タントH-64
　　　（p.95 型紙葉A）… 3枚
茎／ペーパーワイヤー… 4本
フローラルテープ … 適量

## 1 / パーツを準備する

7枚

型紙にそって枚数分の花びらを切ったら、すべ
ての花びらをつけねから立ち上げる（p.39）。

## 2 / 花びらを巻く

1枚は「内側に両端を巻く」（p.40）の要領で、
花びらの端に目打ちをななめにあてて巻いたら、
筒状になるように花びらを立ち上げて接着剤
ではりつける。

## 3 / 花びらを重ねてはる

2枚の花びらを**2**と同様に巻いたら、花びらの
中央と端に接着剤をつけ、**2**を包むようにして
はりつけていく。

## 4

3枚すべてはりつけたところ。

65

## 5 / 花びらを巻く

巻いていない花びら1枚は、ランダムに巻く (p.41)。

## 6 /

巻いていないもう1枚の花びらもランダムに巻く (p.41)。5とは違う巻き方で、いろんな巻き方を組み合わせてあればOK。

## 7 /

巻いていない残り2枚の花びらは外側に先端を巻く (p.39)。

## 8 / 花びらを重ねてはる

5の中央と端に接着剤をつけ、4を包むようにしてはる。

## 9 /

8と同様にして6もはる。

## 10 /

8〜9と同様にして7もはる。

## 11 / 葉を作る・がくをつける・仕上げる

葉に筋をつけて作る (p.45)。がくに茎をつけて花をはる (p.46)。フローラルテープを使って花と葉の茎を束ねたら完成 (p.47)。

---

**ARRANGE　バラ（白）・バラのつぼみ**

バラ（白）は以下の紙色で作っています。バラのつぼみは以下の紙色で、バラ1の1〜4の工程で作れます。

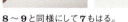

- 花びら（4枚）　○タントN-8
- 花びら（3枚）　○タントP-58
- がく　●タントH-64
- 葉　●タントH-64

- 花びら　○タントP-58
- がく　●タントH-64
- 葉　●タントH-64

# バラ2 #p.13

花部分:直径約5cm

**材料（1本分）**

花びら／○タントN-7
　　　　（p.93 型紙93-2）… 6枚
花心／ペップ（白）… 適量
がく／●タントD-61
　　　　（p.95 型紙がくF）… 1枚
葉／●タントH-64
　　　　（p.95 型紙葉A）… 3枚
茎／ペーパーワイヤー… 4本
フローラルテープ … 適量

## 1 / パーツを準備する

| | 1枚<br>1つを<br>カット |
|---|---|
| 4枚 | 1枚<br>2つを<br>カット |

型紙にそって枚数分の花びらを切る。6枚のうち2枚は写真右のように花びらをつけねからカットする。

## 2 / 花びらを巻く

花びらをカットしていない4枚のうち2枚は内側に先端を巻く（p.41）。

## 3

残り2枚の花びらは、つけねから立ち上げたら（p.39）、ランダムに巻く（p.41）。

## 4

花びらをカットした2枚は花びらは立ち上げず、ランダムに巻く（p.41）。

## 5 / 花びらの端をつける

4の花びらは、カットした花びらの両側にある花びらを寄せるように接着剤ではる。

## 6 / 花びらを重ねてはる

2の2枚を重ねてはる。3の2枚も重ねてはったら、3の上に2を重ねてはる。

## 7

5を6の上に重ねてはる。花びらの多いものから順に、ピンセットでさしこむように重ねる。

## 8 / 花心をはる

花びらの中央に接着剤を少し多めにつけ、ペップをさしこむ。

## 9 / 葉を作る・がくをつける

型紙にそって切った葉に筋をつける (p.45)。がくのパーツと茎を用意する。

## 10 / 仕上げる

葉を作り (p.45)、がくに茎をつけて花をはる (p.46)。フローラルテープを使って花と葉の茎を束ねたら完成 (p.47)。

---

## バラ3 #p.13

花部分：直径約5cm

### 材料（1本分）

花びら／●タントN-50
　　　　（p.94 型紙94-3）… 14枚
　　　　（p.94 型紙94-4）… 6枚
土台／●タントN-50
　　　（p.94 型紙がくH）… 2枚
がく／●タントD-61
　　　（p.95 型紙がくF）… 1枚
葉／●タントH-64
　　（p.95 型紙葉A）… 3枚
茎／ペーパーワイヤー … 4本
フローラルテープ … 適量

### 1 / パーツを準備する

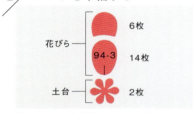

花びら　6枚
　　　　94-3　14枚
土台　　2枚

型紙にそって枚数分の花びらと土台を切る。型紙94-4で作った花びらは、下側に3mmほどの切りこみを入れる。

## 2 /

花の土台は2枚を少しずらして重ねてはる。切りこみを入れた花びらはすべて、切りこみ部分を寄せるようにはる。

## 3 / 花びらを巻く

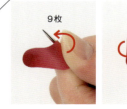

9枚　　5枚

2の花びらのうち、9枚は外側に先端を巻く (p.39)。5枚は裏返し、「内側に両端を巻く」(p.40) の要領で、花びらの端に対して目打ちをななめにあてて巻く。

## 4 /

型紙94-4で作った花びら6枚はすべて内側に両端を巻いておく (p.40)。

**5**

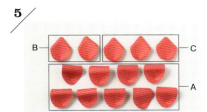

型紙94-4で作った花びら14枚すべてを巻いたところ。

**6** 花びらを重ねてはる

土台に花びらをはっていく。**5**のA6枚の先に接着剤をつけ、土台のふちにすべてはる。

**7**

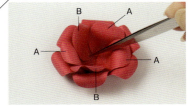

**5**のA3枚をずらして上にはり、さらにB2枚をはる。

**8**

**5**のCも同様にしてすべてはる。

**9** 花びらを重ねてはる

**4**は**8**の中央にさしこむように、つけね部分に接着剤をつけてはる。

**10**

6枚すべての花びらをはったところ。

**11** 葉を作る・がくをつける

型紙にそって切った葉に筋をつける（p.45）。がくのパーツと茎を用意する。

**12** 仕上げる

葉を作り（p.45）、がくに茎をつけて花をはる（p.46）。フローラルテープを使って花と葉の茎を束ねたら完成（p.47）。

 花びらの端が少しずつ重なるように、はりつけていく。すべてはりつけたら少し乾かす。

**POINT 2** はるスペースがせまいので、花びらを筒状にしながらさしこむとよい。

## バラ4 #p.13
花部分：直径約3cm

### 材料（1本分）
花びら／○タントN-8
　　　　（p.93 型紙93-7）… 1枚
がく／●タントD-61
　　　　（p.94 型紙がくH）… 1枚
葉／●タントH-64
　　（p.95 型紙葉F）… 3枚
茎／ペーパーワイヤー… 4本
フローラルテープ … 適量

### 1／パーツを準備する

型紙にそって花びらを切る。

### 2／花びらを巻く

1の花びらを上から見て時計まわりに巻いていき、軽くあとをつけておく。

### 3

紙の端をピンセットでつまんだら、手前にクルクルと回して花びらを筒状に巻いていく。

### 4／花びらを重ねてはる

花びらが残り4つになるまで巻いたら、巻いていない部分の下部に接着剤を多めにつけてはる。接着剤が少し乾いたらバランスを見ながらピンセットで花びらを整える。

### 5

完全に乾いたら、一番外側の花びらの先端を外側に巻く(p.39)。

### 6／葉を作る・がくをつける・仕上げる
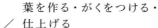

葉に筋をつけて作る（p.45）。がくに茎をつけて花をはる（p.46）。フローラルテープを使って花と葉の茎を束ねたら完成（p.47）。

---

**ARRANGE　バラ4（ピンク・紫）**

ピンク、紫のバラ4は
以下の紙色で作っています。

花びら
●タント
L-73

葉
●タント
H-64

花びら
●タント
L-72

# スプレーマム1 #p.14

花部分：直径約5cm

**材料（1本分）**

花びら／○タントP-58
　　　　（p.93 型紙93-8）…7枚
がく／●タントD-61
　　　　（p.94 型紙がくE）…1枚
茎／ペーパーワイヤー…1本

## 1 / パーツを準備する

7枚

型紙にそって、枚数分の花びらを切る。

## 2 /

1枚は、はさみで花びらを1枚切り落とし、中心部分を円形に切る。

## 3 / 花びらを巻く

花びら6枚は、外側に両端を巻いたものと、内側に両端を巻いたものを繰り返す（p.40「いろいろな巻き方」参照）。

## 4 / 花びらを重ねてはる

3の花びらを2枚ずつ、重ねてはる。3組にしたら、すべて重ねてはる（p.42）。

## 5 / 花びらを巻く

2の花びらを、上から見て時計まわりに巻いていく。巻き終えたら接着剤でとめる。

## 6 / 花びらを重ねてはる

4の花びらの中央に接着剤をつけ、5をピンセットでさしこむようにはる。

## 7 / がくをつける

がくのパーツと茎を用意する。がくに茎をつけ、花をはったら完成（p.46）。

## スプレーマム2 #p.14

花部分：直径約6cm

**材料（1本分）**

花びら／○タントN-7
　　　　（p.94 型紙94-5）… 5枚
　　　　●タントG-50
　　　　（p.94 型紙94-5）… 3枚
　　　　●タントL-73
　　　　（p.94 型紙94-6）… 2枚
がく／●タントD-61
　　　（p.95 型紙がくC）… 1枚
茎／ペーパーワイヤー… 1本

### 1／パーツを準備する

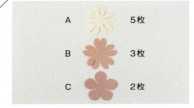

型紙にそって、枚数分の花びらを切る。

### 2／

1のA2枚は、花びらの間からはさみを入れ、中心部分を円形に切る。1枚は切りこみの右隣の花びらの端に接着剤をつける。

### 3／花びらを重ねてはる

もう1枚の花びらの、切りこみの左隣の花びらとはり合わせてつなげる。

### 4／花びらを巻く

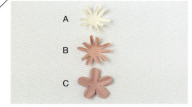

Cはすべて、内側に両端を巻いたあと外側に両端を巻く（p.41）。A3枚とB3枚は外側に両端を巻いたものと、内側に両端を巻いたものを繰り返す（p.40「いろいろな巻き方」参照）。

### 5／花びらを巻く

3の花びらを、上から見て時計まわりに巻いていく。巻き終わったら接着剤でとめる。

### 6／花びらを重ねてはる

4は同じ巻き方の花びら同士を重ねてはる。A3枚、B3枚をまずは重ねてはり、さらにCの上に重ねてはったら、中央に接着剤をつけ、5を花びらの中央にピンセットでさしこむようにはる。

### 7／がくをつける

型紙にそって切ったがくに「葉を作る」（p.45）と同じ要領で筋をつける。茎を用意したら、がくに茎をつける。花をはったら完成（p.46）。

## ポインセチア　#p.14

花部分：直径約7cm

**材料（1本分）**

花びら／●タントN-51
　　　　（p.95 型紙葉A）… 6枚
花心／ラインストーン（赤）… 3個
がく／●タントH-64
　　　（p.94 型紙がくE）… 1枚
葉／●タントH-64
　　（p.95 型紙葉A）… 3枚
茎／ペーパーワイヤー… 1本

### 1／パーツを準備する・筋をつける・花びらを巻く

6枚
3枚

型紙にそって、枚数分の花びらと葉を切る。花びらと葉に「葉を作る」（p.45）と同じ要領で筋をつける。花びらはすべて外側に両端を巻く（p.40）。

### 2／花びらを重ねてはる

まず、花びら3枚のつけねに接着剤をつけてはり合わせたら、ずらしてさらに3枚はる。

### 3／葉をはる・花心をはる

裏返して中央に接着剤をつけ、葉を3枚、花びらと少しずらして重ねてはる。表に返して、中央にラインストーンをつける。

### 4／がくをつける

がくのパーツと茎を用意する。がくに茎をつけ、花をはったら完成（p.46）。

---

## ツバキ　#p.15

花部分：直径約5cm

**材料（1本分）**

花びら／●タントN-52
　　　　（p.94 型紙94-7）… 5枚
　　　　（p.94 型紙94-8）… 5枚
土台／●タントN-52
　　　（p95 型紙がくG）… 2枚
花心／●タントN-58
　　　（1.5×10cm）… 1枚
葉／●タントH-64
　　（p.95 型紙葉H）… 2枚
茎／ペーパーワイヤー… 3本
フローラルテープ … 適量

### 1／パーツを準備する

花びら大　花びら小　土台
5枚　　　5枚　　　2枚

型紙にそって枚数分の花びらと土台を切る。花びらはすべて約3mmの切りこみを入れる。

## 2 土台を重ねてはる

土台2枚を重ねてはる。

## 3 花びらを巻く

花びらはすべて、切りこみ部分を寄せるようにはり、外側に両端を巻く(p.40)。

## 4 花びらを重ねてはる

花びら大の先に接着剤をつけて、土台のふちにすべてはる。その上に花びら小をはる(p.68「ばら3」6～8参照)。

## 5 花心を作ってはる

シングルフリンジの花心を作る(p.44)。指でほぐし、上部をたわんだ形にする。

## 6

花びらの中央に花心をはる。

## 7 葉を作る・がくをつける・仕上げる

葉に筋をつけて作る(p.45)。あて紙に茎をつけて花をはる(p.56「チューリップ」POINT 2 参照)。フローラルテープで茎を束ねたら完成(p.47)。

---

## ウメ #p.15

花部分：
直径約3.5cm

### 材料（3本分）

花びら／●タントN-50
(p.92 型紙92-15) … 1枚
●タントL-73
(p.92 型紙92-15) … 1枚
○タントN-8
(p.92 型紙92-15) … 1枚

花心／○タントN-8
(p.95 型紙がくD) … 3枚
ペップ（白）… 適量

がく／●タントH-64
(p.94 型紙がくE) … 3枚

茎／ペーパーワイヤー … 3本
フローラルテープ … 適量

## 1 パーツを準備する
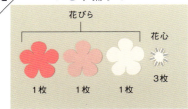
型紙にそって枚数分の花びらと花心を切る。花心は縦に2本ずつはさみで約6mmの切りこみを入れる。

## 2 / 花びらを巻く

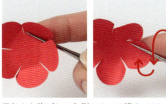

目打ちを花びらの内側にあてて軽くつけねから立ち上げたら、内側に両端を巻く(p.40)。

## 3 / 花びらをはる・花心を作ってはる

花びらの端に接着剤をつけ、花びら同士を寄せてはる。花心は立ち上げ(p.39)、花びらの中央にはる。接着剤をつけ、ペップをさしこむ。

## 4 / がくをつける・仕上げる

ピンク、白も同様に作る。がくに茎をつけ、花をはる(p.46)。フローラルテープを使ってすべての花の茎を束ねたら完成(p.47)。

---

## サクラ #p.15

花部分：
直径約2.5cm

### 材料（3本分）

花びら／●タントP-50
　　　　（p.92 型紙92-14）… 1枚
　　　　○タントN-8
　　　　（p.92 型紙92-14）… 1枚
　　　　●タントL-73
　　　　（p.92 型紙92-14）… 1枚

花心／ビーズ（透明）… 3個
がく／●タントH-64
　　　（p.95 型紙がくG）… 3枚
茎／ペーパーワイヤー… 3本
フローラルテープ … 適量

## 1 / パーツを準備する

1枚　　1枚　　1枚

型紙にそって花びらを切る。

## 2 / 花びらを巻く

目打ちを花びらの中心にあて、花びらを立ち上げる。花びらは外側に両端を巻く(p.40)。

## 3 / 花心をはる

花の中央にビーズをはる。

## 4 / がくをつける・仕上げる

濃いピンク、白も同様に作る。がくに茎をつけ、花をはる(p.46)。フローラルテープを使ってすべての花の茎を束ねたら完成(p.47)。

# How to make | アクセサリー&雑貨の作り方

## 基本のアクセサリー金具

作ったモチーフをつなぐのに必要な金具です。
使い方も覚えておきましょう。

**丸カン**
リング状の、モチーフをつなぐための金具。モチーフの大きさによって、太さや輪の大きさを選ぶとよい。

### 丸カンの使い方

丸ペンチと平ペンチの2本を使って持ち、前後にずらすように開閉する。

左右に引っぱるときれいに開閉できないだけでなく、丸カンの強度が落ちるので注意。

**9ピン**
先端が丸くなっているのが特徴。パーツ同士をつなげるのに使う。

**Tピン**
ビーズに通すと引っかかり、とまる。本書ではオーナメント（p.85）のチャーム部分に使用。

### ピンの使い方

**1**

ピンにビーズなどを通したら、ピンの根元を曲げる。ビーズの上から7〜8mmのところをニッパーで切る。

**2**

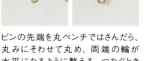
ピンの先端を丸ペンチではさんだら、丸みにそわせて丸め、両端の輪が水平になるように整える。つなぐときは少し平ペンチで開き、同じ要領で閉じる。

## 基本の工具

基本のアクセサリー金具をあつかうのに使います。
目的に応じて使い分けましょう。

**丸ペンチ**
ペンチの先端が細くなっているのが特徴。9ピンやTピンを丸く曲げたり、丸カンを開閉したりするのに使う。

**平ペンチ**
ペンチの内側が平らになっているのが特徴。9ピンやTピンを折り曲げたり、ひも留め（p.90）を閉じたり、丸カンを開閉したりするのに使う。

**ニッパー**
先端がはさみのようになっているのが特徴。9ピンやTピンを切るのに使う。

## Wreath
## ばらの騎士 #p.16

**使用するモチーフ** ※バラはがく・茎なし、スズランは茎なしで制作。

バラ1 > p.65　バラのつぼみ > p.66　スズラン > p.49

**材料（1個分）**
※バラ1（大）は、バラ1の型紙を122％拡大して作る。

バラ1　○タントN-8 … 9個（うち大3個）、○タントN-8＆●タントD-59 … 4個（うち大1個）、●タントD-59 … 2個
バラのつぼみ　●タントD-59 … 3個
スズラン　○タントN-7＆●タントL-62＆●タントH-64 … 15個
葉（p.95 型紙葉A）　●タントD-61 … 12個、●タントH-64 … 13個

リース土台（直径20cm）… 1個、不織布（6cm×6cm）… 適量、麻ひも … 適量

**作り方**
1　リース土台に花を接着剤ではる。
2　リースの側面にバランスを見て葉を接着剤ではる。
3　花と花のすき間をうめるように4つに折った不織布をはる。

# Wreath
## フラワーインワンダーランド #p.17

**使用するモチーフ** ※花はすべて茎なし。スズラン以外すべてがくもなしで制作。

| ポピー > p.48 | スズラン > p.49 | シャクヤク > p.50 | タンポポ > p.51 | アネモネ > p.52 | カーネーション > p.53 | マーガレット1 > p.54 | マーガレット2 > p.55 | チューリップ > p.55 |

| ガーベラ > p.57 | ユリ1 > p.59 | ユリ2 > p.58 | アジサイ > p.59 | ヒマワリ1 > p.60 | ラベンダー > p.61 | コスモス > p.62 | トルコキキョウ > p.63 | ダリア > p.64 |

| バラ1 > p.65 | バラのつぼみ > p.66 | バラ2 > p.67 | バラ3 > p.68 | バラ4 > p.70 | スプレーマム1 > p.71 | スプレーマム2 > p.72 | ポインセチア > p.73 | ツバキ > p.73 | ウメ > p.74 | サクラ > p.75 |

**材料（1個分）**

- ポピー　●タントN-54＆●タントL-59 … 1個、●タントN-56＆●タントL-59 … 1個
- スズラン　○タントN-7＆●タントL-62＆●タントH-64 … 3個
- シャクヤク　●タントP-50＆●タントN-7＆○タントN-8 … 2個
- タンポポ　●タントN-58 … 2個
- アネモネ　●タントD-52＆●タントN-1 … 1個、●タントP-67＆●タントN-1 … 1個
- カーネーション　●タントL-53 … 1個、●タントN-73 … 1個
- マーガレット1　○タントN-8＆●タントN-58 … 1個
- マーガレット2　○タントN-8＆●タントN-58 … 1個
- チューリップ　●タントN-52 … 2個、●タントN-73 … 1個
- ガーベラ　●タントN-58＆●タントN-56＆●タントP-64 … 1個、●タントL-53＆●タントL-73＆●タントP-66 … 1個
- ユリ1　○タントP-58 … 1個
- ユリ2　○タントN-8 … 1個
- アジサイ　●タントL-68 … 4個、●タントL-71 … 4個
- ヒマワリ1　●タントL-58＆●タントY-10 … 1個
- ラベンダー　●タントN-73 … 2個、●タントL-71 … 2個、●タントP-67 … 2個
- コスモス　●タントP-50＆●タントP-60＆●タントL-59 … 1個、○タントN-7＆●タントP-60＆●タントL-59 … 1個
- トルコキキョウ　●タントL-72 … 1個、●H-70 … 1個、●タントG-66 … 1個
- ダリア　●タントN-73 … 1個
- バラ1　●タントL-73 … 1個、○タントN-8＆●タントP-58 … 1個、○タントN-8＆●タントL-53 … 1個、●タントP-70 … 1個
- バラのつぼみ　●タントL-6、●タントN-73
- バラ2　○タントN-7 … 1個、○タントN-8 … 1個、●タントN-73 … 1個
- バラ3　●N-50 … 1個、○P-55 … 1個
- バラ4　○N-8 … 1個、●タントL-73 … 1個、●タントL-53 … 1個、●タントP-50＆●タントP-58 … 1個、●タントD-52 … 1個
- スプレーマム1　●タントP-58 … 1個
- スプレーマム2　●タントL-73＆●タントL-50＆○タントN-7 … 1個、●タントG-66＆●タントP-66 … 1個、●タントN-73＆●タントL-72 … 1個
- ポインセチア　●タントD-51＆●タントH-64 … 1個
- ツバキ　●タントN-52＆●タントN-58 … 1個、○タントN-8＆●タントN-58 … 1個
- ウメ　●タントN-50 … 1個、●タントL-73 … 1個
- サクラ　○タントP-50 … 1個、●タントL-53 … 1個、○タントN-8 … 1個
- 葉（p.95 型紙葉A）　●タントD-61 … 18個、●タントH-64 … 5個
- リース土台（直径20㎝）… 1個

**作り方**

1. リース土台に花を接着剤ではる。側面から見てもリース土台が見えないくらいしきつめてはるとよい。
2. リースの側面にバランスを見て葉を接着剤ではる。

## *Lamp* 星は光りぬ #p.18

**使用するモチーフ** ※花はすべてがく・茎なしで制作。

トルコキキョウ > p.63　バラ1 > p.65　バラ2 > p.67

### 材料（1個分）

トルコキキョウ　○タントN-7 … 6個
バラ1　○タントN7 … 7個
バラ2　○タントN7 … 7個
LEDライトコード（20球・3m）… 1個

### 作り方

花の下からLEDライトの電球をさしこむ。

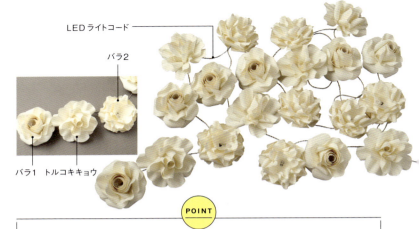

LEDライトコード
バラ2
バラ1　トルコキキョウ

**POINT**

### LEDライトの通し方

各花を作るとき、型紙にそって切ったら、電球のサイズに合わせて中央をカッターで四角く切りぬいておく。丸く切りぬくよりも電球が引っかかりやすく抜けにくい。

---

## *Aroma Diffuser* 年上の人 #p.19

**使用するモチーフ**
※花は茎なしで制作。

トルコキキョウ > p.63

### 材料（各1個分）

**青のアロマフラワー**

トルコキキョウ　●タントH-70&
　　　　　　　　●タントH-64 … 1個
茎／ペーパーワイヤー … 1本
アロマオイル用リード … 1個

**白のアロマフラワー**

トルコキキョウ　○タントN-8&
　　　　　　　　●タントH-64 … 1個
茎／ペーパーワイヤー … 1本
アロマオイル用リード … 1個

### 作り方

1　型紙にそって切ったら、中央に目打ちで小さく穴をあけてから花を作る。
2　花の下から、アロマオイル用リードの先が花の中心から少し出るようにさしこむ。接着剤をつけて固定する。使うときはアロマオイルを入れたボトルにさす。

トルコキキョウ
アロマオイル用リード

## Garland
## 花から花へ　#p.20

**使用するモチーフ**　※花はがくを花びらと同色のあて紙にかえて制作。

**スプレーマム1 > p.71**

**材料（1個分）**

スプレーマム1　●タントN-54＆●タントN-55＆
　●タントN-56　… 9個、
スプレーマム1　●タントN-55＆●タントN-56＆
　●タントN-57　… 8個
茎／ペーパーワイヤー… 1本

ペーパーワイヤー… 適量、フローラルテープ（白）…
適量

**作り方**

1　中心となるペーパーワイヤーに花の茎を巻いていく。
2　中心部分のペーパーワイヤーにフローラルテープ
　を巻く。

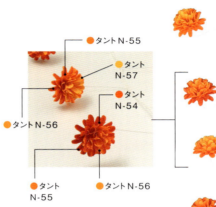

ペーパーワイヤーをフロー
ラルテープで巻いたもの

スプレーマム1

### POINT
### 茎の巻き方

中心にするワイヤーを軽く2つ折
りにしたら、それを軸にして茎をグ
ルグルと巻きつける。茎はすべて
巻かず、残った部分を中心のワイ
ヤーにそわせて、全長をのばし
ていく。次の花が反対側にくるよ
うに、同様に茎を巻きつける。

# Bouquet
## もうすぐ17歳 #p.22

**使用するモチーフ**

シャクヤク > p.50　　バラ1 > p.65　　バラのつぼみ > p.66

小花 > p.93 型紙小花Aを使用

**材料（1個分）**

シャクヤク　●タントL-58&●タントN-58&タントL-59&●タントH-64 … 2個

バラ1　●タントL-72&●タントL-50&○タントP-50&●H-64 … 2個

バラのつぼみ　●タントL-50&○タントP-50&●H-64 … 2個

小花　○タントN-8 … 5個

葉（p.95 型紙葉A）　●タントH-64 … 5個

茎／ペーパーワイヤー … 16本

フローラルテープ … 適量、グラシン紙（深緑）… 適量

**作り方**

1　小花を作る。
2　フローラルテープを使って花と葉の茎を束ねる（p.47）。
3　茎のまわりにグラシン紙を巻く。

### POINT
#### 小花の作り方

型紙にそって花びらを2枚切る。大きい花びらは外側に先端を巻き（p.39）、小さい花びらは内側に先端を巻き（p.41）、大きいものから順に重ねてはる。花心はラインストーンを花びらの中央にはる。

# Door Ornament
## あの夏、別荘で  #p.23

**使用するモチーフ**

**チューリップ** > p.55

**ラベンダー** > p.61

**トルコキキョウ** > p.63

**スプレーマム2** > p.72

**材料（1個分）**

チューリップ　●タントL-53&●タントD-61 … 2個、
　　　　　　●タントL-50&●タントD-61 … 3個
ラベンダー　●タントN-72 … 4個、●タントN-70 … 4個
トルコキキョウ　○タントP-58&●タントD-61 … 1個、
　　　　　　○タントN-7&●タントD-61 … 2個
スプレーマム2　○タントP58&○タントN-7&○タント
　　　　　　N-8&●タントD-61 … 2個
葉（p.95 型紙葉F）●タントD-61 … 19個
茎／ペーパーワイヤー … 37本
フローラルテープ … 適量、針金 … 約1m、リボン … 適量

**作り方**

1. 針金を用意し、フローラルテープで巻く。
2. 1の先を長めに残して3重に巻いたら、上部に花の茎を巻きつけて、フローラルテープで固定する。
3. 花のすき間と垂れた部分に葉の茎を巻きつけ、フローラルテープで固定する。
4. 上部にリボンを通す。

## Pen
# オフィーリアの歌 #p.24

**使用するモチーフ** ※ポピー、トルコキキョウは葉ありで制作。

ポピー > p.48　アジサイ > p.59　ヒマワリ1 > p.60

ラベンダー > p.61　トルコキキョウ > p.63　ポインセチア > p.73

**材料（各1個分）**

**ポピーのペン**
ポピー　●タント N-55 & ●タント N-58 & ●タント H-64 … 3個
葉 (p.95 型紙葉 F)　●タント H-64 … 9個
茎／ペーパーワイヤー… 12本

**アジサイのペン**
アジサイ　○タント N-8 & ●G-64 … 1個
葉 (p.95 型紙葉 E)　●タント D-61 … 2個
茎／ペーパーワイヤー… 13本

**ヒマワリ1のペン**
ヒマワリ1　●タント L-58 & ●タント N-10 & ●タント H-64 … 1個
葉 (p.95 型紙葉 E)　●タント D-61 … 1個
茎／ペーパーワイヤー… 2本

**ラベンダーのペン**
ラベンダー　●タント N-72 & ●タント N70 … 1個
茎／ペーパーワイヤー… 10本

**トルコキキョウのペン**
トルコキキョウ　○N-8 & ●タント H-64 … 3個
葉 (p.95 型紙葉 A)　●タント H-64 … 6個
茎／ペーパーワイヤー… 9本

**ポインセチアのペン**
ポインセチア　●タント L-53 & ●タント H-64 … 1個
茎／ペーパーワイヤー… 1本

フローラルテープ … 適量、ボールペン … 各1本

**作り方**
各花の茎を、フローラルテープを使ってペンに固定する。

## Ornament
## お祈りの時間 #p.26

**使用するモチーフ** ※花はすべてがく・葉・茎なしで制作。

ユリ2 > p.58　　バラ1 > p.65

小花 > 花びらはp.92型紙92-7、
　　　 花心はp.95型紙花心Dとラインストーンを使用

### 材料（1個分）

ユリ2　　○タントN-8 … 9個
バラ1　　○タントE-66 … 7個
小花　　 ○タントE-50＆○タントP-50 … 9個

発泡スチロール球（直径6㎝）… 1個、コットンパール … 12個、ドロップビーズ … 1個、9ピン … 14個、Tピン … 1個、チェーン … 1本、ポップアップシール … 9個

### 作り方

1　小花を作り、裏側にポップアップシールをはる。
2　コットンパールとドロップビーズを9ピン、Tピンでつなぎ、チャームを作る。
3　花の裏側に接着剤をつけ、発泡スチロール球をうめるようにバランスを見てはっていく。
4　球体の上に接着剤をつけた9ピンをさし、チェーンとチャームをとりつける。

- チェーン
- バラ1
- ユリ2
- 小花
- 9ピン
- コットンパール
- ドロップビーズ
- Tピン

### POINT

#### 小花の作り方

型紙にそって花びらを4枚、花心を2枚切る。花びらはガーベラ（p.57）2〜3と同様に作り、重ねてはる。花心2枚は重ねてはり、花びらの上にはる。花心の中央にラインストーンをはる。

#### 花のはり方

花の高さが低いものは、ポップアップシールを花の裏側にはって高さを出す。花の高さがそろっているかを確認しながらはっていくとよい。

### ARRANGE

#### ガラスオーナメント

バラ1をエアプランツ用の容器に入れるだけでおしゃれなオーナメントに。

## Glass Marker
## はじめてのワルツ #p.27

### 使用するモチーフ
※花はすべてがく・茎なしで制作。小花2はがくを花びらと同色のあて紙にかえて制作。

**カーネーション > p.53**　　**スプレーマム1 > p.71**　　**バラ4 > p.70**

小花1 > 花びらはp.92型紙92-13とp.94型紙
　　　がくH、花心はパールビーズを使用
小花2 > 花びらはp.92型紙小花Cとp.92型紙
　　　92-13を使用

### 材料（各1個分）

**カーネーションのグラスマーカー**
カーネーション　●タントL-50 … 1個
葉（p.95 型紙葉F）●タントH-64 … 2枚
葉（p.95 型紙葉A）●タントD-61 … 2枚
小花1　●タントH-70 … 3個
小花2　●タントP-70 … 3個

**バラ4のグラスマーカー**
バラ4　●タントD-52 … 1個
葉（p.95 型紙葉F）●タントH-64 … 2枚
葉（p.95 型紙葉A）●タントD-61 … 2枚
小花1　●タントP-64 … 3個
小花2　●タントP-66 … 3個

**スプレーマム1のグラスマーカー**
スプレーマム1　●タントL-53 … 1個
葉（p.95 型紙F）●タントH-64 … 2枚
葉（p.95 型紙A）●タントD-61 … 2枚
小花1　●タントL-72 … 3個
小花2　●タントD-52 … 3個

ワイヤーフープ … 各1個、丸カン … 各7個、
9ピン … 各3個、台座 … 大各1個、小各3個

### 作り方
1. 小花1、2を作る。
2. パーツに、それぞれデコパージュ用のり（p.47「強度、色味を工夫する」参照）を塗り、乾かす。
3. 台座大に葉、カーネーションの順に接着剤ではる。
4. 台座小に小花1を接着剤ではる。
5. あて紙の中央に9ピンをさして折り、接着剤で固定する。
6. 5に小花2を接着剤ではる。
7. 3、4、5をそれぞれワイヤーフープと丸カンでつなぐ。ほかの2種類は3でそれぞれバラ4、スプレーマム1にかえて作る。

カーネーションのグラスマーカー

バラ4のグラスマーカー　スプレーマム1のグラスマーカー

### POINT
**小花1、2の作り方**
小花1は花びらを型紙にそってそれぞれ1枚ずつ切ったら、外側に先端を巻く（p.39）。大きいものから重ねてはり、中央にパールビーズをはる。小花2は花びらを型紙にそってそれぞれ1枚ずつ切ったら、内側に先端を巻く（p.41）、大きいものから重ねてはる。台座大、台座小は写真のような、丸カンでつなげられるパーツを応用する。

## Corsage
## 望みはなにかと聞かれたら #p.29

### 材料（1個分）
アネモネ　●タントD-52 & ●タントG-63 & ●タントD-61 … 1個、
　　　　　●タントP-58 & ●タントN-73 & ●タントD-61 … 1個
小花1　●タントP-58 … 3個
小花2　●タントD-52 & ●タントD-61 … 3個
小花3　●タントL-50 & ●タントD-61 … 3個
葉（p.95 型紙葉F）●タントD-61 … 15個
茎／ペーパーワイヤー… 26本

フローラルテープ … 適量、リボン … 適量、ブローチピン … 1個

## Broach
### 恋とはどんなものかしら   #p.28

**使用するモチーフ**
タンポポ > p.51

※ブローチ1の花はがくをあて紙にかえて葉なしで制作。ブローチ2の花はがく・葉なしで、ブローチ3の花はがくなしで制作。

**材料（各1個分）**

ブローチ1　タンポポ　🟡タントL-58 … 3個

カブトピン … 1個、丸カン … 3個、9ピン … 3個

ブローチ2　タンポポ　🟡タントN-58 … 2個、
　　　　　　⚪タントN-8 … 1個

台座つきブローチピン … 1個、葉形の透かしパーツ … 1個

ブローチ3　タンポポ　🟡タントL-59 … 1個
葉（p.95 型紙Aを半分に切ったもの）　🟢タントD-61 … 2個

台座つきハットピン … 1個

**作り方**

**ブローチ1**
1. 花に、それぞれデコパージュ用のり（p.47「強度、色味を工夫する」参照）を塗り、乾かす。
2. あて紙の中央に9ピンをさして折り、接着剤で固定する。
3. 2に1を接着剤ではる。カブトピンと丸カンでつなぐ。

**ブローチ2**
1. 花に、それぞれデコパージュ用のり（p.47「強度、色味を工夫する」参照）を塗り、乾かす。
2. ブローチピンの台座に透かしパーツをはって少し乾かす。
3. 2に1をはる。

**ブローチ3**
1. 花と葉に、それぞれデコパージュ用のり（p.47「強度、色味を工夫する」参照）を塗り、乾かす。
2. 葉の先に接着剤をつけ、ハットピンの台座にはる。
3. 2に花を接着剤ではる。

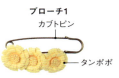
ブローチ1　カブトピン　タンポポ

ブローチ2　台座つきブローチピン　タンポポ　透かしパーツ

ブローチ3　台座つきハットピン　葉　タンポポ

---

**使用するモチーフ**
アネモネ > p.52

小花1 > 花びらはp.92型紙92-13とp.94型紙がくH、花心はパールビーズを使用
小花2 > 花びらはp.92型紙92-9とp.92型紙92-13、がくはp.92型紙92-13を使用
小花3 > 花びらはp.94型紙小花B、がくはp.94型紙がくHを使用

**作り方**
1. 花はそれぞれスタンプでふちを色づけしてから作る（p.47「強度、色味を工夫する」参照）。
2. 1と葉に、それぞれデコパージュ用のり（p.47「強度、色味を工夫する」参照）を塗り、乾かす。
3. 1、2をフローラルテープでひとつに束ねる（p.47）。
4. 3にリボンを巻いて接着剤でとめる。
5. ブローチピンをペーパーワイヤーで4のリボンの巻きはじめあたりにつけて固定する。
6. ブローチピンの裏側が隠れるようにリボンを結ぶ。

**POINT**
**小花1、2、3の作り方**
小花1、2は「はじめてのワルツ」（p.86）の小花1、2と同じ。小花3は型紙にそって切ったら、花びらを立ち上げ、隣り合う花びらをはり、円錐状にして作る。

アネモネ　葉　小花1　小花3　小花2　ピン（裏側）　リボン

## Photo Frame
### ないしょの手紙 #p.30

**使用するモチーフ** ※花はすべてがく・茎なしで制作。

| バラ1 > p.65 | バラのつぼみ > p.66 | バラ3 > p.68 | スプレーマム1 > p.71 | 小花1、2 > 花びらはp.92型紙92-13とp.94型紙がくH、花心はパールビーズを使用 |

**材料（1個分）**

- バラ1　　　　　　　タント P-50 … 2個
- バラのつぼみ　　　タント L-53 … 4個
- バラ3　　　　　　　タント H-50 … 2個
- スプレーマム1　　タント N-7＆タント N-8 … 3個
- 小花1　　　　　　　タント P-66 … 6個、タント G-72 … 6個
- 小花2　　　　　　　タント P-66 … 7個、タント P-70 … 6個
- 葉（p.95 型紙葉F）　タント D-61 … 5個、タント H-64 … 5個
- フォトフレーム … 1個

**作り方**

1. 小花1、2を作る。
2. フォトフレームの角にバランスを見ながらバラ1、バラのつぼみ、バラ3、スプレーマム1を接着剤ではる。
3. フォトフレームが隠れるように小花1、2と葉を接着剤ではる。

> **POINT**
>
> **小花1、2の作り方**
>
> 小花1は型紙にそって花びらをそれぞれ1枚ずつ切ったら、花びらに筋をつけ（p.45）、大きいものから順に重ねてはる。小花2は型紙にそって花びらをそれぞれ1枚ずつ切ったら、内側に先端を巻き（p.41）、大きいものから順に重ねてはる。どちらの花も中央にパールビーズをはる。

## Bookmark
### 図書館でデート #p.31

**使用するモチーフ** ※花はすべてがく・茎なしで制作。

ポピー> p.48

タンポポ > p.51

ガーベラ > p.57

**材料（各1個分）**

**ポピーのブックマーカー**
- ポピー　　タント N-8＆タント N-7 … 1個
- 葉（p.95 型紙葉A）　タント D-63 … 2個

**タンポポのブックマーカー**
- タンポポ　タント N-58 … 1個
- 葉（p.95 型紙葉F）　タント D-63 … 2個

**ガーベラのブックマーカー**
- ガーベラ　タント H-50＆タント L-73＆タント P-64 … 1個
- 葉（p.95 型紙葉A）　タント D-63 … 2個
- リボン … 適量

**作り方**

1. リボンを半分に折り、輪になるほうをクロスさせて接着剤でとめる。
2. クロス部分に接着剤をつけ、花をはる。
3. リボンの先にバランスを見ながら葉を接着剤ではる。

## Tassel
### あれはナイチンゲール #p.32

**使用するモチーフ** ※ガーベラと小花はがくを花びらと同色のあて紙にかえて制作。

スズラン > p.49　ガーベラ > p.57　チューリップ > p.55

小花1 > 花びらはp.92型紙92-13とp.94型紙がくHを使用
小花2 > 花びらはp.94型紙がくH、花心はパールビーズを使用

**材料（各1個分）**

**ガーベラとスズランのタッセル**
- スズラン　●タントN-7&●タントL-62&●タントH-64 … 1個
- ガーベラ　●タントL-59&●タントN-58&●タントL-58 … 1個
- 小花1　○タントP-58&●タントL-59 … 3個
- 葉（p.95 型紙葉F）●タントH-58 … 2個
- 茎／ペーパーワイヤー … 7本
- フローラルテープ … 適量、タッセル … 1個

**チューリップのタッセル**
- チューリップ　●タントN-73 … 2個
- 小花2　●タントN-72 … 3個
- 葉（p.95 型紙葉F）●タントH-58 … 2個
- 茎／ペーパーワイヤー … 7本
- フローラルテープ … 適量、タッセル … 1個

**作り方**
1. 小花1、2を作る。小花1は「ないしょの手紙」（p.88）の小花1と同様に作る。小花2は型紙にそって花びらを1枚切ったら、内側に先端を巻き（p.41）、中央にパールビーズをはる。
2. フローラルテープを使って使って花と葉の茎を束ねる（p.47）。
3. タッセルの上部に**2**を巻く。

## Magnet
### ある晴れた日に #p.33

**使用するモチーフ** ※花はすべてがく・茎なしで制作。

ツバキ > p.73

ウメ > p.74

サクラ > p.75

**材料（各1個分）**

**ツバキのマグネット**
- ツバキ　●タントN-52&●タントN-58 … 2個、○タントN-8&●タントN-58 … 1個
- 葉（p.95 型紙葉H）… 1枚

**ウメのマグネット**
- ウメ　●タントN-52&○タントN-8 … 1個、●タントN-50&○タントN-8 … 1個、●タントL-73&○タントN-8 … 1個
- 葉（p.95 型紙A）●タントH-64 … 1個

**サクラのマグネット**
- サクラ　●タントP-50 … 2個、○タントN-8 … 1個
- 葉（p.95 型紙F）●タントH-64 … 1個

マグネット … 各1個

**作り方**
1. マグネットの上に葉を接着剤ではりつけ、少し乾かす。
2. **1**の上にバランスを見ながら花を接着剤ではる。

## *Corolla* 恋占い #p.34

針金をフローラルテープで巻いたもの

**使用するモチーフ** ※花はがくを花びらと同色のあて紙にかえて制作。

マーガレット1 > p.54 　　ガーベラ > p.57

### 材料（1個分）

マーガレット1　○タントN-8&●タントP-58 … 14個
ガーベラ　●タントP-50&●タントL-53&○タントN-7 … 9個
葉（p.95 型紙葉F）　●タントD-61 … 10個、●タントH-64 … 18個

フローラルテープ … 適量、針金 … 適量

### 作り方

1　針金を頭のはちまわりに合わせ、3重程度の輪にし、フローラルテープで固定する。
2　花と葉の茎を**1**に巻きつけていく。
3　フローラルテープをさらに巻いて、固定する。

マーガレット1　　ガーベラ　　葉

## *Bracelet* 好き、きらい、好き #p.35

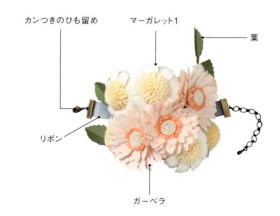

カンつきのひも留め　マーガレット1　葉　リボン　ガーベラ

**使用するモチーフ** ※花はすべて茎なしで制作。

マーガレット1 > p.54 　　ガーベラ > p.57

### 材料（1個分）

マーガレット1　○タントN-8&●タントP-58 … 6個
ガーベラ　●タントP-50&●タントL-53&○タントN-7 … 3個
葉（p.95 型紙葉F）　●タントD-61 … 6個

厚紙（縦6cm×横8cmの長方形に切ったもの）… 1枚、布 … 適量、リボン … 適量、カンつきのひも留め … 1個

### 作り方

1　厚紙に接着剤をつけてリボンをはる。厚紙全体を適当な布でくるんではる。リボンを下にし、腕にそってカーブさせて乾かす。
2　**1**の表側に花と葉を、バランスを見て接着剤ではり、乾かす。
3　リボンを手首の寸法に合わせてカットし、平ペンチでカンつきのひも留めをつける。

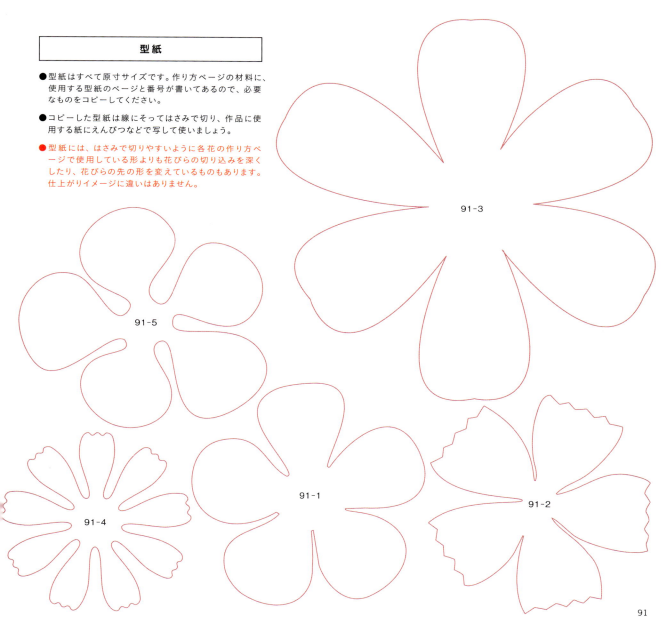

## 著者紹介
## 山﨑ひろみ

Boule De Neige主宰。幼いころから手作りすることが大好きで、いろいろな手芸をするなか、出産を機に身近なものを使ってできる、ペーパーアートに出会い、魅了される。現在、紙や布を素材とした花をモチーフに、さまざまな雑貨やアクセサリーを制作。ひとりひとりのイメージに合わせて制作する作品は、結婚や出産など、お祝いのプレゼントとしても人気を博している。ホームクラスやカルチャーセンターで出張レッスンを開催。そのほか、イベント等にも出展し、作品の制作・販売も行う。

＊Boule De Neige＊
https://powdersnow3818.amebaownd.com/

[スタッフ]

| | |
|---|---|
| 撮影 | 横田裕美子（STUDIO BAN BAN） |
| | 天野憲仁（日本文芸社） |
| スタイリング | ダンノマリコ |
| デザイン | 宮本麻耶 |
| 編集 | 三好史夏（ロビタ社） |

[資材購入先案内]

貴和製作所（アクセサリーパーツ）
http://www.kiwaseisakujo.jp/

カール事務器株式会社（クラフトパンチ）
http://www.carl.co.jp/product/craft/

## 紙でつくる、ほんものみたいな花と小物

2017年4月30日　第1刷発行
2022年2月　1日　第4刷発行

| | |
|---|---|
| 著　者 | 山﨑ひろみ |
| 発行者 | 吉田芳史 |
| 印刷所 | 図書印刷株式会社 |
| 製本所 | 図書印刷株式会社 |
| 発行所 | 株式会社日本文芸社 |
| | 〒135-0001 |
| | 東京都江東区毛利2-10-18 OCMビル |
| TEL | 03-5638-1660（代表） |

Printed in Japan 112170413-112220119 Ⓝ 04
ISBN978-4-537-21466-6　（201027）
URL https://www.nihonbungeisha.co.jp/
©Hiromi Yamazaki 2017

印刷物のため、作品の色は実際と違って見えることがあります。ご了承ください。

本書の一部、または全部をホームページに掲載したり、本書に掲載された作品を複製して店頭やネットショップなどで無断で販売することは、著作権法で禁じられています。

乱丁・落丁本などの不良品がありましたら、小社製作部宛にお送りください。送料小社負担にておとりかえいたします。法律で認められた場合を除いて、本書からの複写・転載（電子化を含む）は禁じられています。また、代行業者等の第三者による電子データ化及び電子書籍化は、いかなる場合も認められていません。

（編集担当：角田）